# A mon Père,

## Comme un gage de Piété Filiale.

### A mon Oncle et à ma Tante,

## Comme un gage de Reconnaissance et d'Amour.

### A mon Frère et à ma Sœur,

## Comme un gage d'une Amitié inaltérable.

## FACULTÉ DE DROIT DE TOULOUSE.

# ACTE PUBLIC

## Pour la Licence,

EN EXÉCUTION DE L'ART. 4, TIT. 2 DE LA LOI DU 22 VENTÔSE AN 12.

M. ALAZARD ( JACQUES-MARIE-ADOLPHE ), de Pezenas ( Hérault ), soutiendra l'Acte Public Général sur tous les objets d'étude fixés pour les trois premières années, desquels ont été extraits les Lois, Titres et Articles suivans.

*Scire leges non est verba earum tenere, sed vim ac potestatem.*
Leg. 17, ff. de leg.

## Jus Romanum.

### LIB. 2, TIT. 20, — *De Legatis.*

LEGATUM est donatio quædam à defuncto relictâ ab hærede solvendâ.

( 2 )

Donatio et legatum in quibusdam conveniunt in plurimis diffè-runt, et in uno præcipuè quod donatio non est nisi à donatorio completur, dùm legatum in gratiam absentis et ignorantis valet.

Olìm quatuor erant legatorum genera, sed posteà Justinianus unam esse legatorum omnium naturam constituit.

Testator res quascumque omnes legare potest, modò sint in hominum commercio.

Potest etiam testator res tàm *corporales* quàm *incorporales* legare.

Non solum res extantes legari possunt, sed etiam quæ in rerum naturâ adhuc non sunt modò tamen futuræ sperentur; sic testator legare potest fructus ex fundo nascituros.

Legari potest vel *purè*, vel in *diem*, vel sub *conditione*.

Legatum purum, est quandò nec dies, nec conditio adjicitur.

Legatum in diem, est quandò dies legato adjicitur.

Legatum sub conditione est quandò conditio legato adjicitur.

Dies legati cedere dicitur; quandò legatum incipit deberi.

Dies legati venire dicitur; quandò legatum peti potest.

Si legatum sit purum, dies cedit a morte testatoris; si legatum sit conditionale, dies nec cedit, nec venit nisi ab eventu conditione.

---

# Code Civil.

## LIVRE 2, TITRE 4.

### *Des Servitudes ou Services Fonciers.*

LES servitudes admises dans notre législation sont d'une importance majeure, elles tiennent doublement au droit de propriété qu'elles modifient et atténuent en quelque sorte dans le fonds assujetti, tandis qu'elles l'améliorent dans celui auquel le service est dû. L'agriculture seule, vraie nourricière du genre humain, languirait souvent sans le secours des servitudes; la culture et l'exploitation d'un champ enclavé, sans issue sur le grand chemin, deviendrait impossible, si la loi ne lui ouvrait un chemin dans les fonds qui l'entourent.

« La servitude est une charge imposée sur un héritage, pour » l'usage et l'utilité d'un héritage appartenant à un autre proprié- » taire, article 637. »

Cette définition renferme trois conditions caractéristiques de la servitude considérée comme service foncier.

1.º L'existence de deux héritages, dont l'un est affecté au service et l'autre autorisé à le recevoir, *serviens et dominans*.

2.º L'existence de deux propriétaires différens ; l'un maître de l'héritage qui rend service, et l'autre de celui qui le reçoit ; car le même ne peut être propriétaire de deux à la fois ; ce que le droit romain exprime énergiquement par cette courte maxime : *nemini res sua servit*.

3.º La cause de la servitude, l'usage et l'utilité de celui qui en jouit ; cette dernière condition est très-essentielle.

## Origine des Servitudes.

L'origine des servitudes est aussi ancienne que celle de la propriété, dont elles sont une modification. Les premiers possesseurs des biens reconnurent l'indispensable nécessité de ces assujettisse-mens, souvent commandés par la disposition naturelle des lieux. Plus tard, lorsque les premières sociétés se formèrent, l'utilité et la sûreté publique firent sentir combien il était nécessaire de restreindre, dans certains cas, des droits légitimes en eux-mêmes ; mais dont l'exercice individuel et absolu, ne pouvait avoir lieu sans rendre quelques propriétés presque inutiles.

Ces obligations, que la nature avait établies, que l'intérêt public avait suggérées, fournirent aux particuliers l'idée d'en stipuler de semblables pour leur utilité respective et même pour leur simple agré-ment ; c'est ainsi que la disposition naturelle des lieux, le besoin social, et la liberté des conventions firent naître les *services fonciers* ; de là les servitudes naturelles, légales et conventionelles.

( 4 )

# CHAPITRE PREMIER.

## *Des Servitudes, qui dérivent de la situation des lieux.*

Ces servitudes sont relatives aux eaux, au bornage et à la clôture.

### Paragraphe Premier.

## *Des Servitudes relatives aux Eaux.*

C'est par la nature des choses que les fonds inférieurs sont assujettis à recevoir les eaux qui découlent d'un fonds supérieur ; le but de la loi est donc moins de créer cette obligation, que de la faire exécuter sans obstacle de la part de celui dont il est nécessaire que le fonds soit assujetti, et sans abus de la part de celui qui en invoque les effets. C'est dans ce sens que l'article 640 du code civil dispose, 1.° « que les fonds inférieurs sont assujettis envers » ceux qui sont plus élevés, à recevoir les eaux qui en découlent » *naturellement, sans que la main de l'homme y ait contribué* ; » 2.° que le propriétaire inférieur *ne peut point élever de digue qui* » *empêche cet écoulement*; 3.° que le propriétaire supérieur *ne peut* » *rien faire qui aggrave la servitude du fonds inférieur.* »

Le propriétaire d'un fonds, l'étant nécessairement de tout ce qui est produit par ce même fonds ; « celui qui a une source dans son » fonds peut en user à sa volonté. » Ainsi le veut l'article 341. Il peut donc l'employer totalement à l'irrigation de ses propriétés, ou la retenir dans des étangs, sans que le propriétaire du fonds inférieur puisse réclamer, *à moins qu'il n'en ait acquis le droit par titre ou par prescription*, art. 641. L'article 642 nous apprend que laprescription est trentenaire, et qu'elle doit se manifester par des ouvrages apparens, destinés à faciliter la chute et le cours des eaux. Mais sur quel héritage doivent être faits ces ouvrages? Il paraît juste de décider qu'il est indifférent que les ouvrages soient faits sur l'un ou l'autre fonds.

Le législateur s'occupe dans l'art. 640 du cas où une source fournirait à une commune l'eau qui lui serait nécessaire ; il veut que dans tous les cas le propriétaire de la source ne puisse en changer le cours. C'est ici une mesure d'intérêt public, qui veut que la propriété des particuliers soit modifiée toutes les fois que l'intérêt général l'exige. Mais comme il importait de concilier cette prérogative avec les droits du particulier, la commune, dans ce cas, sera forcée d'indemniser le propriétaire ; cette indemnité sera réglée par experts, eu égard au préjudice causé au propriétaire, et non eu égard à l'avantage que la commune retire de cette concession.

« Celui dont la propriété borde une eau courante, peut s'en servir » à son passage pour l'irrigation de ses propriétés » ; mais le texte de cet article excepte formellement les eaux qui sont des dépendances du domaine public, c'est - à - dire, les eaux navigables ou flottables.

« Celui dont cet eau traverse l'héritage *peut même en user dans* » *l'intervalle qu'elle y parcourt ; mais à la charge de la rendre* » *à la sortie de son fonds à son cours ordinaire.* »

Comme il était impossible de prévoir tous les cas, vu la variété des circonstances, le législattur a abandonné la décision des difficultés à la sagesse des tribunaux, en se contentant de leur indiquer les bases le leurs jugemens, art. 645.

## § II.

### *Du Bornage et de la Clôture.*

Le seul moyen d'empêcher les usurpations entre voisins, d'éviter de longs et dispendieux procès, que la loi doit, autant qu'il se peut, étouffer dans leur germe, et qui sont produits par la négligence de poser les limites où finit un héritage, et où commencent ceux qui lui sont contigus, a été mis en œuvre par le législateur. La loi atteint ce but, en donnant à tout propriétaire le droit d'obliger son voisin au bornage de leurs propriétés contigües, et en statuant que ce bornage se fera à frais communs ; cette demande est appelée par les jurisconsultes, action de bornage : *actio finium regundorum.*

Tout propriétaire est autorisé à clore son héritage, à moins qu'il n'en soit empêché par une servitude de passage (647).

Le propriétaire qui veut se clore perd son droit au parcours et vaine pâture, en proportion du terrain qu'il y soustrait (art. 648).

## CHAPITRE 2.

### *Des Servitudes légales.*

Le droit de propriété, quelqu'étendu qu'il soit, souffre quelques limites pour le bien général, auquel l'intérêt particulier doit toujours être subordonné. Tels sont les motifs du législateur en établissant certaines servitudes, qui ont pour objet l'utilité publique ou communale, ou celle des particuliers.

Les servitudes établies pour l'utilité publique ou communale, sont indiquées dans les articles 643 et 650 du code ; elles ont pour objet l'obligation du propriétaire d'une source de n'en pas en changer le cours, lorsqu'elle fournit aux habitans d'une commune, village ou hameau, l'eau qui leur est nécessaire ; le marchepied au long des rivières navigables ou flottables, la construction ou réparation des chemins ou autres ouvrages publics ou communaux, et quelques autres obligations de la même nature.

Sous le rapport des servitudes légales pour l'utilité des particuliers, le législateur, en examinant que l'état des hommes en société leur impose l'obligation de se faire réciproquement du bien, a fondé ses dispositions sur cette double maxime, que l'on ne peut refuser de permettre sur sa propre chose ce qui est utile aux autres, lorsqu'on n'en éprouve aucune incommodité, et qu'on ne peut également user de son droit sans profit pour soi-même, si cet usage est nuisible à autrui.

Ces sortes d'obligations, auxquelles la loi assujettit les propriétaires l'un à l'égard de l'autre, indépendamment de toute convention, sont, aux termes de l'art. 1370 du code civil, des engagemens formés par la seule volonté de la loi.

Partie de ses obligations est réglée par les lois sur la police rurale, les autres sont relatives au mur et au fossé mitoyen, au cas où il y a lieu à contre-mur, aux vues sur la propriété du voisin, à l'égout des toits, et aux droits de passage ( 652 ).

## SECTION 2.

### *Du Mur et des Fossés mitoyens, des Haies et Arbres.*

#### PARAGRAPHE PREMIER.

### *Du Mur mitoyen.*

LE code admet une présomption générale de mitoyenneté qui dispense de toute justification celui au profit de qui elle existe, conformément à l'art. 1352 du code civil; mais il a permis et déterminé l'espèce de preuve qui pouvait la combattre.

Aux termes de l'art. 653 , cette présomption cesse dans deux cas ; s'il y a titre , ou marque du contraire.

En effet, si l'un des propriétaires contigus est nanti d'un titre qui constate la propriété du mur , peu importe les marques de mitoyenneté , elles le cèdent au titre.

A défaut de titre de la part de l'une des parties , la loi admet des preuves indicatives de la non mitoyenneté ( art. 654 ).

La présomption légale de mitoyenneté ne peut être invoquée que par les propriétaires contigus, et dont la propriété se trouve exactement séparée par le mur.

La première obligation à laquelle les propriétaires sont soumis , c'est que chacun d'eux doit apporter à la conservation du mur les soins d'un bon père de famille ; il doit prévenir les dégradations auxquelles le mur se trouve exposé, mais l'obligation principale consiste dans les réparations et reconstructions auxquelles les propriétaires sont tenus de contribuer, proportionnellement au droit de chacun.

La loi oblige le copropriétaire à contribuer à la reconstruction et réparation d'un mur, mais elle lui donne un moyen de s'affranchir de cette charge, en abandonnant le droit de mitoyenneté, pourvu que le mur mitoyen ne soutienne pas un bâtiment qui lui appartienne (art. 636 ).

( 8 )

Les droits que donne la mitoyenneté d'un mur sont réglés par les articles 657, 658, 661 et 662.

Le copropriétaire qui, d'après la faculté que lui accorde l'art. 632, veut *faire exhausser* un mur mitoyen, doit, si le mur n'est pas en état de supporter l'exhaussement, le faire construire *en entier à ses frais*, et l'excédant d'épaisseur doit se prendre de son côté (art. 659); néanmoins, celui qui n'a pas contribué à l'exhaussement peut en acquérir la mitoyenneté en payant la moitié de la dépense qu'il a coûté, et la valeur de la moitié du sol fourni pour l'excédant d'épaisseur s'il y en a.

Tout en permettant de faire servir le mur mitoyen à tous les usages auxquels il est destiné, la loi veut que l'un des voisins ne puisse rien faire sans le consentement de l'autre ( art. 662 ).

La loi s'occupe, dans l'art. 664, du cas où les différens étages d'une maison appartiennent à divers propriétaires.

L'art. 665, qui termine la matière qui a rapport aux murs mitoyens, parle des servitudes actives et passives ; il prévoit donc deux cas ; savoir : celui où le propriétaire du mur ou de la maison aurait un droit sur la propriété du voisin, en faveur de ce mur ou de cette maison, et celui au contraire où le voisin aurait un droit sur ce mur ou sur cette maison ; au premier cas, la servitude est *active* relativement au propriétaire du mur ; au second cas, elle est *passive*, par rapport à lui.

## § II.

### Du Fossé mitoyen.

Les fossés qui séparent les héritages sont de plusieurs espèces ; les uns servent d'écoulement aux eaux pluviales, les autres à la clôture des fonds ; ces derniers se possèdent par indivis, ils sont entretenus à frais communs, tous doivent veiller à leur conservation ; la loi les répute mitoyens, et cette présomption légale ne peut être détruite que par un titre ou des marques de mitoyenneté, mentionnées dans les articles 667 et 668.

§

## § III.

### *Des Haies et Arbres mitoyens.*

On nomme *haie* une clôture d'épines, de ronces ou d'autres arbris-
seaux, et quelquefois même de branches sèches. L'art. 670 répute
mitoyenne toute haie qui sépare deux héritages : l'entretien doit en
être fait à frais communs, et l'un des deux propriétaires voisins peut
contraindre l'autre à y contribuer. Le bois qui provient de la tonte
et les fruits doivent se partager entre eux ; c'est la suite nécessaire
de la communauté.

Au reste, on a coutume d'appliquer aux haies mitoyennes les
règles concernant les fossés ; ainsi il faut dire que chacun des copropriétaires a le pouvoir d'abandonner son droit pour se dispenser de
l'entretien : chacun d'eux a le droit de requérir l'abattement des
arbres plantés dans la haie mitoyenne.

La loi pose des règles sur les distances qui doivent être gardées
dans la plantation des haies non mitoyennes et des autres arbres ;
elle détermine aussi les suites de la contravention à ces règles : ces
deux objets font la matière des articles 671 et 672.

### Section 2.

### *De la Distance et des Ouvrages intermédiaires requis pour certaines constructions.*

L'art. 674 prévoyant divers cas où le copropriétaire d'un mur
mitoyen pourrait par ses œuvres nuire aux intérêts de son voisin,
impose à ce copropriétaire diverses obligations ; ces obligations sont
des servitudes, puisqu'elles restreignent le droit de propriété ; elles ont
toutes pour but l'intérêt du voisin, quelques-unes aussi l'intérêt
public. On pourrait déroger par des conventions particulières à celles
qui n'ont pour but que l'utilité privée, mais non aux autres.

## SECTION 3.

## *Des Vues sur la propriété de son voisin.*

LE droit de regarder hors de l'édifice qu'on habite, est une con-séquence de la propriété, mais il faut que le point sur lequel il s'exerce immédiatement, soit un objet dont on est propriétaire, ou un lieu destiné par sa nature à l'usage des citoyens.

De là le principe que nul ne peut avoir de vue immédiate sur la propriété de son voisin, si celui-ci n'y a consenti ou n'en a laissé acquérir le droit.

Cependant, lors même qu'on use de la vue sur sa propriété, il peut se faire que le terrain qui se trouve entre la fenêtre et la propriété du voisin, soit si étroit, que l'exercice de la vue se fasse en majeure partie sur la propriété de ce dernier. Les lois ont dû, dans ce cas, mo-difier le droit de propriété et déterminer quel espace intermédiaire devait exister pour que la vue pût être exercée sans limitation et que le voisin n'eût point à s'en plaindre. C'est ce dont s'est occupé le législateur dans l'art. 678, qui défend d'avoir des vues *droites* ou fenêtres d'aspect, des balcons ou autres semblables saillies sur l'héri-tage clos ou non clos de son voisin, s'il n'y a entre le mur et ledit héritage six pieds de distance, et des vues obliques, que si la distance est de deux pieds. L'art 680 détermine la manière dont se compte cette distance.

L'art. 675 défend à tout propriétaire d'un mur mitoyen de faire des ouvertures sans le consentement de l'autre copropriétaire.

Le propriétaire d'un mur non-mitoyen, joignant immédiatement l'héritage d'autrui, est autorisé à y pratiquer des jours. L'art. 676 nous apprend comment doivent se faire ces jours, et l'art. 677 à quelle distance au-dessus du plancher on doit les pratiquer.

## SECTION 4.

## *De l'Égout des Toits.*

TOUT propriétaire qui veut élever un édifice, doit le construire de manière que les eaux pluviales s'écoulent ou sur son terrain, ou sur la voie publique. Ainsi celui qui construit un bâtiment dont l'égout sera du côté de l'héritage voisin , doit laisser au delà de son mur une espace de terrain suffisant pour recevoir les eaux de ses toits. Cette espace est ordinairement de trois pieds , il est fixé par des experts.

## SECTION 5.

### *Du droit de Passage.*

LE passage est dû à tout fonds *enclavé* et sans *issue*. Cette disposition est fondée sur ce qu'il ne faut pas que des fonds soient mis hors du domaine des hommes , et condamnés à la stérilité faute de pouvoir y arriver. Ce passage est dû au propriétaire du fonds enclavé par tous les propriétaires voisins , sans qu'il soit permis à celui qui le réclame de le choisir indistinctement ; il doit s'adresser de préférence à celui duquel le trajet est plus court pour arriver à la voie publique ; mais si l'héritage qui offre le plus court trajet se trouve un jardin , un enclos ou bâtiment , il ne serait pas juste de s'adresser au propriétaire de ce lieu par préférence : et si l'on s'adressait à un autre dont le terrain , moins précieux , offrirait un trajet plus long , ce dernier ne pourrait s'y refuser.

Une indemnité est accordée proportionnellement aux dommages que peut éprouver l'héritage asservi.

Le droit de passage étant le résultat de la nécessité, ne doit point être soumis à la prescription ; l'indemnité au contraire est la dette d'un prix , elle doit être prescriptible comme toutes les autres dettes. Aussi l'art. 685 le décide-t-il formellement.

# CHAPITRE 3.

## *Des Servitudes établies par le fait de l'homme.*

### SECTION PREMIÈRE.

### *Des diverses Servitudes qui peuvent être établies sur les Biens.*

LES servitudes personnelles sont irrévocablement abolies ; celles que l'homme peut établir doivent avoir pour objet l'agrément ou l'utilité d'un fonds ; le nombre est illimité, et l'on en distingue de plusieurs espèces, les uns les nomment *rurales*, les autres *urbaines*.

Elles se divisent en servitudes *continues*, *discontinues*, *apparentes* et *non apparentes*.

*Les premières* s'exercent sans avoir besoin du fait actuel de l'homme ; *les secondes* en ont besoin ; *les troisièmes* se manifestent par des ouvrages extérieurs ; *les quatrièmes* manquent de ce caractère.

## SECTION 2.

### Comment s'établissent les Servitudes.

Il y a des servitudes qui s'établissent par *titre* ou par la *possession*. Il y en a qui ne s'établissent que par *titre*, il en est enfin qui s'établissent par la *destination du père de famille*.

Les servitudes qui ne s'établissent que par titre, sont énoncées dans l'art. 691 ; celles qui s'établissent par titre ou par la possession de 30 ans, le sont dans l'art. 690, et enfin, la destination du père de famille vaut titre à l'égard des servitudes continues et apparentes. Telles est le vœu de l'art. 692.

Le titre *constitutif* de la servitude à l'égard de celles qui ne peuvent s'acquérir par la prescription, ne peut être remplacé que par un *titre récognitif* de la servitude et émané du *propriétaire* du *fonds asservi* ( art. 698 ).

Il est facile d'apercevoir, par la simple lecture de l'art. 596, toute la volonté du législateur. Il est encore plus aisé de reconnaître qu'en acquérant une servitude on acquiert tous les droits qui en dérivent, quand même ces mêmes droits pris isolément formeraient une servitude particulière.

## SECTION 3.

### Des Droits du Propriétaire auquel la Servitude est due.

CELUI auquel une servitude est due a droit de faire tous les ouvrages nécessaires pour en user et pour la conserver. Ces ouvrages sont au frais du propriétaire , à moins de stipulations contraires ( art. 698 ). Dans le cas où le propriétaire du fonds qui doit la servitude est chargé par le titre de faire à ses frais les ouvrages nécessaires , il pourra toujours s'en affranchir en abandonnant le fonds assujetti , ( art. 699 ).

Les servitudes sont indivisibles. Ainsi dans le cas où le fonds en faveur duquel une servitude serait établie , viendrait à être divisé , la servitude resterait due pour chaque portion.

Le législateur , toujours attentif à concilier les intérêts respectifs des parties , défend au propriétaire du fonds assujetti d'arrêter l'exercice de la servitude , et au propriétaire du fonds dominant de faire , soit dans le fonds qui doit la servitude , soit dans le fonds à qui elle est due , aucun changement qui *puisse l'aggraver.*

## Section 4.

### *Comment s'éteignent les Servitudes.*

Les servitudes s'éteignent, 1.º par l'impossibilité de les exercer ; 2.º par la confusion ; 3.º par la prescription.

Les servitudes cessent lorsque les choses se trouvent en tel état qu'on ne peut plus en user ( art. 703 ). Mais cette impossibilité n'éteint la servitude que dans le fait et non dans le droit , d'où il résulte que la servitude doit reprendre sa force aussitôt que le fait qui y mettait obstacle ne subsiste plus , à moins qu'il ne ce soit écoulé le temps nécessaire pour la prescription ( art. 704 ).

L'indivision fait de tous les copropriétaires une seule et même personne , du moins lorsqu'il s'agit des droits communs , de manière que si parmi les propriétaires il s'en trouve un contre qui la prescription n'ait pu courir , comme un mineur , il aura conservé le droit de tous.

Les servitudes s'éteignent encore par la remise , par le rachat, par l'abandon de la portion du fonds qui doit la servitude , par la résolution du temps pour lequel elle était accordée , ou par l'événement de la condition résolutoire.

# Code de Procédure civile.

Livre 2, Titre 10.

## De la Vérification d'Écritures.

La vérification d'écritures n'est ordonnée que dans le cas où la partie à laquelle un acte est opposé, refuse de reconnaître qu'il est de son écriture, soit en partie, soit en totalité ; qu'il est signé par elle, ou enfin qu'il soit le fait d'un tiers auquel on l'attribue.

Ainsi une reconnaissance d'écritures précède nécessairement, soit d'une manière *expresse*, soit d'une manière *implicite*, toute procédure en vérification.

Nous disons d'une manière *expresse*, lorsqu'une partie pour attribuer à nn acte sous seing-privé les effets que la loi lui attache, lorsqu'il est reconnu en justice ( vid. c. civ., art. 1322, 1323, 1324, 2123, et la loi du 3 sept. 1807 ), assigne en reconnaissance la partie que cet acte oblige.

Tel est l'objet de la procédure aussi simple que rapide, que prescrivent les art. 193, 194, en réglant le mode et le délai de l'assignation, en mettant les frais à la charge du demandeur, si la pièce n'est pas déniée, et en déterminant les effets de comparution et ceux de la reconnaissance par le défendeur.

Nous disons d'une manière *implicite*, si en effet l'acte sous seing-privé est produit dans le cours d'une instance. Cette production équivaut par elle-même à une demande incidente par reconnaissance, puisqu'elle impose à celui contre lequel elle est faite, les mêmes obligations et opère les mêmes résultats qu'une demande *expresse*, formée par action principale, et, comme elle, conduit à la vérification s'il y a refus de reconnaître ou désaveu formel.

La procédure en vérification s'instruit sous la direction d'un juge-commissaire, à la requête du porteur de la pièce, qui devient demandeur dans cet incident.

Elle se fait tant par titre que par comparaison d'écriture , et par témoins ; trois genres de preuves dont aucun n'exclut les autres , mais dont chacun peut suffire si les autres manquent

Les résultats sont de faire rejeter la pièce du procès , si le juge reconnaît qu'elle n'émane pas de celui auquel on l'attribue ; et , dans le cas contraire, de la faire déclarer pour reconnue , et de la maintenir pour faire preuve au procès , ainsi que droit.

# Pandectes.

—

## Liv. 3 , Tit. 3 , Chap. 3 , Sect. 4.

### *Des Dommages et Intérêts.*

On appelle en général dommages et intérêts l'estimation de la perte qu'une personne a faite et du gain qu'elle a manqué de faire : *lucrum cessans damnum emergens* , loi 13 , ff. ( *reus erat hab.* ) Ils sont dus par le fait seul de l'inexécution de l'obligation ou du retard dans l'exécution , à moins que le débiteur ne prouve que c'est par suite de force majeure ou d'un cas fortuit et imprévu, qu'il n'a pas rempli son obligation ( article 1148 du code civil ). Il y a cependant plusieurs exceptions à cette règle : si l'une des parties 'a spécialement répondu des cas fortuits ( 1302 ), si le cas fortuit a été précédé de quelque faute de la part des parties ( 1807 , 1881 ), les dommages et intérêts ne sont dus que lorsque le débiteur est *en demeure* de remplir ses obligations, excepté néanmoins lorsque la chose que le débiteur s'était obligé de donner ou de faire, ne pouvait être donnée ou faite que dans *un certain temps* , qu'il a laissé passer. Les dommages et intérêts sont fixés par la loi, par la convention ou par les tribunaux; 1.º par la loi, c'est le cas de l'art. 1153 , qui détermine que les dommages et intérêts résultant du retard dans l'exécution d'une obligation qui se borne au paiement d'une certaine somme, *ne consiste jamais* que dans la condamnation aux intérêts fixés par la loi, sauf les règles particulières relatives au contrat de société, au cautionnement, au commerce ; ces dommages et intérêts sont dus, sans que le créancier soit tenu de justifier d'aucune perte. Ils ne sont dus que du jour de la demande, excepté dans les cas où la loi les fait courir de plein droit, comme dans les cas prévus par les articles 474, 856, 1378, 1473, etc ; 2.° par la convention, lorsque la convention porte que celui qui manquera de l'exécuter payera une certaine somme à titre de dommages et intérêts : dans ce cas le contrat doit être littéralement suivi, et les juges ne peuvent pas, sous prétexte d'équité, allouer une somme plus forte ou moindre que celle que porte le contrat ( 1552. )—Il n'est pas nécessaire pour qu'il y ait lieu aux dommages et intérêts, qu'il y ait mauvaise foi. Cependant le législateur sentant combien il serait injuste de punir la négligence ou l'imprévoyance comme la mauvaise foi, a fait une distinction ; c'est dans ce sens que notre code dispose que s'il n'y a pas dol, le débiteur n'est tenu que des dommages et intérêts *qui ont été prévus* ou *qu'on a pu prévoir* ; tandisque dans le cas contraire, il le déclare passible de tous les dommages qui sont une suite indirecte de retard ou de l'inexécution, articles 1150, 1151, loi 23, ff. *de actionibus empti et venditi.* — L'inexécution des obligations qui ont une cause illicite, n'entraîne point de dommages et intérêts.

CODE

# Code de Commerce.

Livre. I.<sup>er</sup>, Titre 5.

*Des Bourses de commerce, des Agens de change et des Courtiers.*

### Section Première.

*Des Bourses de commerce.*

On appelle bourse de commerce la réunion qui a lieu, sous l'autorité du Roi, des commerçans, capitaines de navire, agens de change et courtiers ( art. 31 du cod. de com. ). Ces bourses, qui à l'époque de la révolution avaient été abandonnées ou dénaturées, ont été rétablies par la loi du 28 ventôse an 9.

Un acte du gouvernement, du 27 prairial an 10, avait permis l'entrée des bourses à toutes personnes, et même aux étrangers ; une seule exception a été faite par l'art. 614 du code de com., qui dispose qu'un commerçant failli ne peut se présenter à la bourse s'il n'a été réhabilité.

Le résultat des négociations et des transactions qui s'opèrent dans la bourse, détermine le cours du change, des marchandises, des assurances, du fret ou nolis, du prix des transports par terre ou par eau, des effets publics et autres dont le cours est susceptible d'être coté (72). Tous ces cours sont constatés par les agens-de-change ou courtiers, dans la forme prescrite par les règlemens de police généraux et particuliers ( art. 73 ).

### Section 2.

*Des Agens de change et Courtiers.*

Les commerçans ont nécessairement besoin d'agens intermédiaires pour exécuter les opérations qu'ils veulent entreprendre ; ces motifs ont donné lieu à l'établissement des agens de change et des courtiers.

Ces fonctions, supprimées par un décret du 29 juillet 1792, ont été rétablies par la loi du 28 ventôse an 9. Il y a des agens de change et des courtiers dans toutes les villes qui ont une bourse de commerce : il sont nommés par le Roi.

Il suffit pour être entièrement fixés sur tous les devoirs, sur toutes les obligations, et sur tout ce qui intéresse les agens de change et les courtiers, de consulter les dispositions énoncées dans le code de commerce, et d'examiner la loi du 28 ventôse an 9, et les deux arrêtés du gouvernement, du 29 germinal an 9 et du 27 prairial an 10. C'est dans l'ensemble de ces dispositions, auxquelles nous renvoyons, vu qu'une simple lecture suffit pour les comprendre, qu'on trouve tout ce qui est relatif à ces agens intermédiaires du commerce : les unes sont communes aux agens de change et aux courtiers, les autres sont particulières à chacun d'eux.

## TITRE 6.

### *Des Commissionnaires en général et des Voituriers.*

LE commissionnaire, en général, est celui qui agit pour le compte d'un tiers ; il peut agir en son propre nom, ou sous un nom social, et il peut agir sous le nom de son commettant ; dans ce dernier cas, le commissionnaire n'est qu'un mandataire ordinaire, ses droits et devoirs sont déterminés par les principes du droit commun.

On reconnaît dans le commerce plusieurs espèces de commissionnaires ; 1.º les commissionnaires pour l'achat et vente des marchandises ; 2.º les commissionnaires pour l'acceptation, la négociation et le recouvrement des lettres-de-change, et autres effets de commerce ; 3.º les commissionnaires de passage et d'entrepôt ; 4.º les commissionnaires de transports par terre ou par eau que l'on désigne sous le nom d'entrepreneurs de roulage.

Les premiers sont ceux qui, moyennant une commission, se chargent d'acheter ou de vendre des marchandises pour le compte de leurs commettans ; ils ne doivent jamais oublier, dans l'exécution de leur mandat, qu'ils sont mandataires salariés, et ils doivent se conduire comme un père de famille diligent, parce qu'aux termes de l'art. 1996 du code civil, ils sont responsables non seulement de dol, mais encore des fautes qu'ils peuvent commettre dans leur gestion. En général les commissionnaires pour les ventes ne sont point garans de la solvabilité des acheteurs, lorsqu'ils ne reçoivent de leurs commettans qu'un droit de commission ordinaire ; mais si indépendamment de la commission ordinaire, ils prennent encore une commission extraordinaire, qu'on appelle le *décroire* ; ils sont tenus de la solvabilité des acheteurs.

Les seconds sont ceux qui, moyennant une commission convenue, se chargent de faire la négociation des lettres-de-change, et autres effets commerciaux, d'en procurer l'acceptation, et d'en opérer le recouvrement.

Lorsqu'ils sont chargés de négocier, ils doivent rendre un compte exact à leurs commettans, ne leur faire supporter que la perte exacte qu'ils ont eux-mêmes éprouvée, et les faire jouir des bénéfices qui peuvent leur avoir été accordés. — S'ils sont chargés de procurer l'acceptation, ils doivent la demander de suite à ceux sur lesquels les lettres-de-change sont tirées ; en cas de refus de la part de ces derniers, ils sont tenus de faire, sans retard, protester faute d'acceptation, et de renvoyer le tout à leurs commettans, sous peine de devenir responsables du préjudice qu'ils auraient occasionné. — Lorsqu'ils sont chargés de faire le recouvrement d'effets de commerce, ils doivent en exiger le paiement à l'échéance ; si les effets ne sont pas acquittés, ils sont tenus de les faire protester en temps utile, et de faire faire les autres diligences nécessaires pour conserver à leurs commettans leur recours contre leur cédant et les autres co-obligés ; s'ils négligent de remplir toutes les formalités dans les délais fixés par la loi, les effets demeurent pour leur compte, et ils sont obligés à en payer le montant à leurs commettans.

Les troisièmes sont ceux qui se chargent de recevoir des marchandises pour les garder à la disposition de leurs commettans ou pour les réexpédier, sur des voitures ou sur des bateaux, afin de les faire parvenir à leur destination. — Il faut faire une grande différence entre les commissionnaires de passage, et les commissionnaires pour les transports ; ceux-ci sont garans des marchandises jusqu'au lieu de leur destination , tandis que les commissionnaires de passage ne sont pas tenus d'une garantie aussi étendue ; du moment qu'ils ont expédié les marchandises qui leur ont été adressées , et qu'ils les ont remises à un voiturier, jouïssant de la confiance du commerce, leur mandat est rempli , leur responsabilité cesse , et ils ne sont plus garans ni du voiturier, ni des marchandises, ni des événemens qui peuvent leur arriver dans la route.

Les commissionnaires pour les transports diffèrent principalement des voituriers , en ce qu'ils se chargent de faire effectuer les transports par des voituriers dont ils répondent , tandis que ces derniers, propriétaires des équipages , charrois , barques, effectuent par eux-mêmes , ou par des serviteurs à gages , les transports. Les uns et les autres sont garans de l'arrivée des marchandises dans le délai déterminé par la lettre de voiture ( *vid.* pour la nature de la lettre de voiture l'art. 102 ) ; mais ils ne sont passibles d'aucune indemnité, si le retard provient d'une force majeure, légalement constatée.

A moins d'une stipulation contraire , et hors le cas de force majeure , ils sont garans de la perte des marchandises et des effets qui leur ont été confiés ; ils sont également tenus des avaries, autres que celles qui proviennent du vice même de la chose , et le voiturier doit en faire la preuve.

La réception des objets , et le paiement de la lettre de voiture, éteignent toute action contre le commissionnaire et le voiturier ; néanmoins il est juste de décider qu'ils ne pourraient opposer cette exception , si les avaries étaient le fruit de la dissimulation ou du dol ou de la fraude , et si le propriétaire n'avait pu s'en apercevoir qu'après la réception et le paiement du prix de voiture.

## Livre i. — Titre 6.

### *Des Achats et Ventes.*

Les opérations commerciales sont , par leur nature , si rapides et si multipliées , que le législateur devait faire une dérogation au droit commun pour en constater l'existence. C'est en effet ce qu'il a fait par la disposition de l'article 109 , qu'il suffit de lire ; quant aux autres règles qui régissent les achats et ventes , il faut s'en rapporter, pour tout ce qui peut être applicable aux transactions commerciales, aux principes du droit commun, établis par le code civil, art. 1582 et suivans.

---

*Cet Acte Public sera soutenu le 30 Août 1828, dans la séance qui commencera à huit heures du matin.*

Vu par le Président de la Thèse,

RUFFAT.

TOULOUSE,

IMPRIMERIE DE CAUNES, RUE DES TOURNEURS,

HÔTEL PALAMINY.